Heinrich Hermes

Dicke Mädchen lieben auch

© 2015 Heinrich Hermes

www.heinrich-hermes.com

© Nachwort: Günther Rösch, Berlin

Herstellung und Verlag:

BoD — Book on Demand, Norderstedt

ISBN 978-3-7386-4626-9

Für Elli Kitzendorf

Teil 1

Dicke Mädchen lieben auch

1

von Hitze

leicht verwirrt

sah er nur Mädchen

dicke Mädchen

sah sie vermehrt

in Kirchen

auf den Märkten

in allzu grossen ...

Dicke Mädchen lieben auch

2

hatte sie gesehen

erzählte später

in geheimer Runde

sie sind da

sie

sind

da

Dicke Mädchen lieben auch

3

eine Reportage

dicke Mädchen

am Strand

die Wasseroberfläche

erwartet ihren Sprung

und bleibt gelassen

Dicke Mädchen lieben auch

4

eine Vermutung

standen da

und wollten ...

Dicke Mädchen lieben auch

5

ein Gutachten

unkontrollierbares

unberechenbares

Ausdehnungsverhalten

widersprach einer

Entlassung

in neue Umlaufbahnen

ein Verbleib

auf dem Erdenrund

wurde daher

vorgeschlagen

Teil 2

Die Beifahrerin

geduldig

lag sie da

langgestreckt

doch nie in Waage

Aufbruch

(Remake)

kein Gedanke an ein Gehen

bevor das Neue ...

das Schöne ihr zufiel

so sass sie dort

bis letztes Blatt

und Anfang Schnee

Fräuleinwunder

1

die linke Brust

die rechte Brust

nicht aufgerichtet

hergerichtet

hingerichtet

Fräuleinwunder

2

an der Bar

gleich mit erster Welle

auch er

der Fremde

wolle ihren Po

und was damit zu tun sei

klang präzise

das wolle er wohl tun

aber vorerst hätte er

doch gerne

ein ... zwei ... Bier

vorwiegend festkochend

die ihren

sah sie nie

in Grössen

Körbchengrössen

sprach lieber

von handfester

deren Konsistenz

Marcus - Der Empathische

Empathie

der Quelle

Fluss

fürs hin und wieder

Geben

Fataler Beginn eines Märchens

Der Stein

abseits der Piste

sass im Schnee

die böse Fee

die ihm zuraunte

fahr nicht dort

wo all die anderen

die Gewöhnlichen

sich kreuzen

fahre hier bei mir

da findest Du

da liegt es

hier im Schnee

Askese

Askese

sprachlich Ding

fiel herab

sank hinab

blieb unten liegen

Das Gegenüber

3

dort

keine Tür

erwartet

je ein Klopfen

Das Gegenüber

4

rein

Echo

schenkte ihr

noch

Freude

Restwärme

1

da

an Klippe Küste

weites Meer

warm umhüllt das eine

zweite

Phantasie im Reisebeutel

nicht hier

nicht mehr

weites Meer

Frühling

1

unvermittelt

richten

sie sich auf

Brief eines Fremden

Wochen später

schrieb er

er wäre nun ...

und sie bereit

sich hinzugeben

Die Fremde

neben ihr gelegen

der Wärme wegen

und dem einen

oder anderen Wort

Morgenröte

das Alphabet

noch nicht erwacht

Trägheit

Wärme

Federkissen

8.7.2013

stumm

beschrieb sie ihn

den Regen

nicht als Klang

und nicht als Klage

Teil 3

grau und ungenau

2

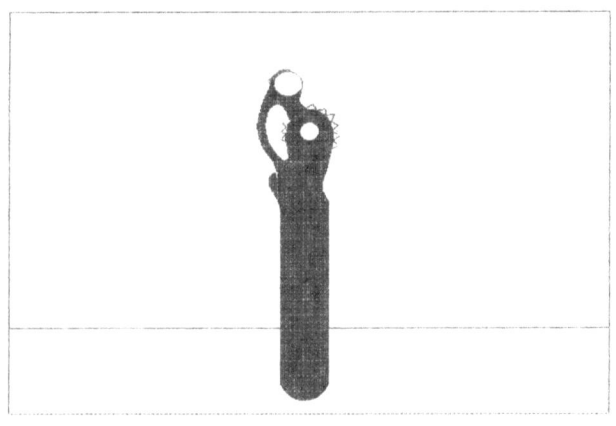

grau und ungenau

3

warum

sollten

Fragezeichen

gerecht verteilt

werden

grau und ungenau

4

grau und ungenau

5

hin und wieder

lässt das Grau

das Andere zu

grau und ungenau

6

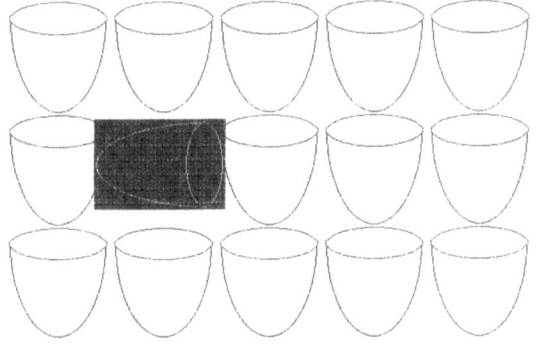

Grauraum

2

Grauraum

erlaubt

meist

laut

Grauraum

4

links

rechts

in der Mitte

eingebettet

die Gleise

Grauraum

5

Grünphase

in

Grau

laut

Teil 4

Das Denken

in Zusammenhängen

er

fragte nach dem Spiel

und bekam zur Antwort

das Denken in Zusammenhängen

sei kein Spiel

Das Denken

im Abseits

er

fragte nach dem Spiel

und bekam zur Antwort

das Denken im Abseits

das sei schon gar kein Spiel

Hingenommen

genommen werden

das wollte sie nun nicht

das solle er nun doch

Neue

Geistig trocken Mutterland

Sparsamkeit

Neugierde

trug sie selten

und gelegentlich

im Jutetäschchen

Fragment   am

wollte

nicht warten

bis das Neue

in klaren Tönen

durch die Wolkendecke

fiel

Ende

Nachwort

Poetische Kurzmitteilung und Offenheit
Gedankenaustausch mit H.H. (2.Teil)*

Das Wesentliche in der Kunst ist die formale Gestal-
tung, dadurch unterscheidet sie sich von der alltäg-
lichen Normalität, die ungestaltet ist und strukturiert
wird durch den Rhythmus der Gewohnheit. Kunst ist
Anti-Gewohnheit, Anti-Alltag, formale Gestaltung
gegen die Gestaltlosigkeit der alltäglichen Normali-
tät. Kunst entsteht in einem Labyrinth (die Regale
in einem Supermarkt z.B.) und zeigt auf eine Offen-
heit, auf einen Ausweg für die Wahrnehmung („nur
rote Einkaufskörbe, ein grüner dabei"), die dann zur
Aufmerksamkeit wird. Aufmerksamkeit ist die flie-
ßende Form der Wahrnehmung, Perzepte, ziellos, sie
ist das Offene, was dann umgegossen wird in eine
Werkform, angereichert mit Empfindungen, Affekte;
das ist das Gefühl, das Gespür für die Situation, auch
der eigenen, das Konzentrat, was die Werkform be-
lebt. Mit „Offenheit" ist nicht die Wörterbuchangabe
„offenes Wesen oder Verhalten, Freimut, Ehrlichkeit"
gemeint, sondern die Verwendung dieses Begriffs in
„Sein und Zeit". Die Absicht dieses Werkvorgangs ist
die Umkehrung der Normalität: nicht das „Regal"
(oder die „Bar") lenkt die Wahrnehmung in den Zu-
stand der Konsumtion, das Habenwollen, sondern
die Aufmerksamkeit formalisiert und distanziert das
Geschehen. Es gibt bei den hier vorgelegten Wort-
gebilden zwei Hinweise auf Offenheit: die Nume-
rierung und der Gebrauch von Auslassungspunkten.

Form und Inhalt bilden auf eine reduzierte Art und Weise eine Einheit. Wie weit zählt die Numerierung fort und was füllt die Auslassung? Das ist ein Fragen nach der beobachteten Situation, nach dem erlebten Augenblick, der zur Sprache kommt. Immer zeigt sich etwas.

Was ist Formalisierung, wie wird sie als Wortgefüge und in der bildnerischen Arbeit realisiert? Formalisierung ist „einer Sache eine bestimmte (strenge) Form geben". (Wahrig) Die Sache ist die Kunst, also die Werke. Die Form wird erreicht durch das Arbeitsprinzip der Serie, das Serielle. Die Konzentration auf das Wesentliche gelingt durch Reduktion. Die Wortgefüge sind poetische Kurzmitteilungen und Fragmentsätze, sie sind auch Sprachbilder: eine Bildsprache mit Worten als bildgebendem Material. Die Sprachdarstellung ist „Teil" der bildnerischen Arbeit. Die Serie, die Reihe/Zeile (oder der Block als Hängung) ist eine Einheit mit kontinuierlicher Variation. Auf Din-A4-Format hochkant sind ausgedruckt Wortgebilde, Photographien, graphische Darstellungen; dabei gibt es die Distanz zur Handschrift als Geste, es gibt keinen „Graphismus", keine Expression, sondern eine Sachlichkeit (ein wichtiges Wort!). Das formale Prinzip der Serie ist auch die Struktur, die das Buch bestimmt, das zudem ein Katalog ist, ein Buch mit Bildern. Die Präsentation in einer Ausstellung hat als serielle Komposition einen Rhythmus durch einen Wechsel von Sprache und Bild, der von mal zu mal variiert werden kann.

Immer gibt es eine oder mehrere Zeilen, die wie ein Kommentar zur Wirklichkeit lesbar sind, ein Gefüge aus Perzepten und Affekten. Für den Inhalt gibt es nur unpersönlich gehaltene Angaben. Es erfolgt der Auftritt von fiktiven, real-sachlichen Personen: „sie", „er". Ein erzählerisches Moment wird eingeführt: man tummelt sich am Strand und im Wasser. Später in der Bar wird die Urlaubsstimmung intimer. Aber die Anonymität wird nicht aufgelöst. Und die Protagonisten bleiben alleine für sich. Die Einsamkeit ist die wesentliche Empfindung. Die Numerierung suggeriert eine Szenenfolge, aber es gibt keine Kulmination, sondern nur ein Driften: kurze Szenen und Begegnungen, Augenblicke von Begegnung und Nicht-Begegnung, träumerische Illusion von möglicher Begegnung, die Sehnsucht danach – „Echo", „Restwärme", „das eine oder das andere Wort". Aber das Wort kommt nicht. Das Leben geht weiter.

Es gibt einen freien Umgang mit der Sprachlogik und mit der Grammatik: „stumm" den Regen beschreiben – aus der Sicht der Alltagssprache kann man nichts „stumm" beschreiben, aus der Sicht der Dichtung ist die Beschreibung mittels Alltagssprache Stummheit, die dem Phänomen „Regen" nicht gerecht wird, bloßes Benennen aus der Perspektive des Ichs, die das Eigenleben des Augenblicks nicht erfasst. „Hin und wieder / lässt das Grau / das Andere zu" – das Indefinitpronomen als Substantiv, das Grau als Quelle: hier gibt es vorerst nur ungenaue Hinweise; der „Grauraum" wird später kartographiert, bevölkert, gelichtet.

Noch einmal die Abfolge: Kunst ist Formalisierung, diese ist hier Reduktion: Askese und Konzentration – letzthin zeigt sich Offenheit. „Askese" ist auch „sprachlich Ding", weil die Diätrezepte (und alle anderen Versuche) einem „Gutachten" gemäß nicht fruchteten. Traurig, aber wahr: man verbleibe mit seinem runden Körper auf dem „Erdenrund", das ist ein Vorschlag zur Güte. Die Phantasie kann von den Worten abspringen und sich Geschichten erzählen, in denen man selber auftritt. Ein „facebook" ganz anderer Art, wo die vorkommen, die tagtäglich mit sich selber ringen, aus wenigen Zeilen und mit sparsamen Strichen, um mittels Kunst die Künstlichkeit der eigenen Wünsche und die Wirklichkeit der eigenen Gefühle zu entziffern.

Günther Rösch

*siehe auch: H. Hermes, Plötzlich liegt da Sprache rum, BoD Norderstedt 2013

Inhalt